BEI GRIN MACHT SICH I
WISSEN BEZAHLT

- Wir veröffentlichen Ihre Hausarbeit,
  Bachelor- und Masterarbeit

- Ihr eigenes eBook und Buch -
  weltweit in allen wichtigen Shops

- Verdienen Sie an jedem Verkauf

Jetzt bei www.GRIN.com hochladen
und kostenlos publizieren

Murat Ertugrul

Probleme und Lösungen zur semantischen Interoperabilität

-

GRIN Verlag

Bibliografische Information der Deutschen Nationalbibliothek:

Die Deutsche Bibliothek verzeichnet diese Publikation in der Deutschen National-
bibliografie; detaillierte bibliografische Daten sind im Internet über http://dnb.d-
nb.de/ abrufbar.

Impressum:

Copyright © 2009 GRIN Verlag GmbH
Druck und Bindung: Books on Demand GmbH, Norderstedt Germany
ISBN: 978-3-640-77268-1

Dieses Buch bei GRIN:

http://www.grin.com/de/e-book/136024/probleme-und-loesungen-zur-semantischen-
interoperabilitaet

GRIN - Your knowledge has value

Der GRIN Verlag publiziert seit 1998 wissenschaftliche Arbeiten von Studenten, Hochschullehrern und anderen Akademikern als eBook und gedrucktes Buch. Die Verlagswebsite www.grin.com ist die ideale Plattform zur Veröffentlichung von Hausarbeiten, Abschlussarbeiten, wissenschaftlichen Aufsätzen, Dissertationen und Fachbüchern.

Besuchen Sie uns im Internet:

http://www.grin.com/

http://www.facebook.com/grincom

http://www.twitter.com/grin_com

Enterprise Application Integration (EAI)

-

Probleme und Lösungen
zur
semantischen Interoperabilität

Inhaltsverzeichnis

1 Einleitung

Mit der Einführung von EAI im eigenen Unternehmen verbinden die meisten Unternehmer positive Ergebnisse und Wirkungen beim Betrieb ihrer IT-Systeme. Die Koexistenz vieler verschiedener Anwendungssysteme, Betriebssysteme und/oder Hardware spielt nur noch eine untergeordnete Rolle. Die Lauffähigkeit der Geschäftsprozesse wird durch EAI gewährleistet, und das nicht nur unternehmensintern, sondern auch -extern. Vergleichbar mit einem Plug & Play wird den Unternehmen suggeriert, dass eine EAI einfa ch und schnell eine homogene Umgebung – wenn auch virtuell - erzeugt.

Die Architekturen und die existierenden Werkzeuge dazu sind viel versprechend. Die Anwendungen können miteinander kommunizieren, aber verstehen sie sich auch?

Hier kommt die Semantik ins Spiel, die den Zeichen und Symbolen, die bei der Kommunikation ausgetauscht werden, ihre Bedeutung verleiht. Wie auch in der natürlichen Sprache können Wörter mehrere Bedeutungen haben. Das Gemeinte geht erst aus dem Kontext hervor. Hier spielen nicht nur Grammatik und Wortschatz, sondern auch das kognitive und intellektuelle Vermögen des Senders und Empfängers eine Rolle.

Die vorliegende Arbeit beschäftigt sich mit den Problemen und Lösungen der semantischen Interoperabilität bei EAI-gestützten IT-Systemen.

Zunächst werden einige Begriffe anhand ihres theoretischen Hintergrunds näher erläutert, die Grundlage für das Verständnis der Thematik sind. Anschließend werden die heute bekannten Probleme mit der semantischen Verständigung aufgezeigt, die bei IT-Systemen evident sind. Im nächsten Schritt wird gezeigt, dass Ontologien ein Instrument sind, die semantischen Probleme in den Griff zu bekommen. Zur Beschreibung solcher Ontologien existieren diverse Lösungen auf dem Markt. Ein Ausschnitt dessen wird vorgestellt.

In einem Fazit werden abschließend die Errungenschaften kritisch beleuchtet und ein möglicher Ausblick gegeben.

2 Theoretische Grundlagen

2.1 Semiotik in der Linguistik

Seámioátik, *die; -, keine Mehrzahl* allgemeine Theorie der sprachlichen und nichtsprachlichen Zeichensysteme[1]

Sprachwissenschaftlich gesehen enthält die Semiotik u.a. folgende Teilbereiche: - Pragmatik (Interpretation der Zeichen)

- Semantik (Bedeutung der Zeichen)
- Syntaktik (formale Ordnung der Zeichen)

Bevor die einzelnen Teilbereich e näher erläutert werden, soll mit dem so genannten semiotischen Dreieckerklärt[2] werden, wie ein Symbol (Wort) nur über einen Gedanken / Bezug (Begriff) direkt mit dem Referent (Objekt) in Beziehung gesetzt werden kann.

Abbildung 1: Semiotisches Dreieck

Diese formale Sicht erleichtert die Erkenntnis, dass ein Ausdruck nicht per se auf einen Sachverhalt hinweisen muss (gestrichelte Linie). Die Bedeutung muss in einem weiteren Element dargelegt werden. Bestes Beispiel für den oben aufgezeigten Zusammenhang sind Synonyme - verschiedene Wörter, die den gleichen Begriff bezeichnen.

---

1 Langenscheidt Fremdwörterbuch Online-Edition (Abfrage am 22.02 .2009)
2 Nach Ogden und Richards von 1923

Beispiel für ein Synonym :

Das Wort „Tarif" kann den Preis einer Leistung bezeichnen, aber auch die Gehaltsstufe eines Angestellten.

Eine andere Art der Uneindeutigkeit sind Homonyme - gleichartige Wörter, die unterschiedliche Bedeutung haben (z.B. „Position" als Rechnungsposition oder als Bestellposition).

Erst durch den Bezug resp. Begriff wird der Ausdruck eindeutig.

Ergänzt man das semiotische Dreieck um die eingangs gelisteten Teilbereiche, ergeben sich folgende Zuordnungen[3]:

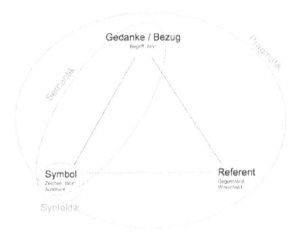

Abbildung 2: Pragmatik, Semantik, Syntaktik im semiotisches Dreieck

2.1.1 Syntaktik

Die Syntaktik befasst sich mit Beziehung zwischen Zeichen selbst und legt Regeln für deren Korrektheit fest.

Beispiel:
In diversen Programmiersprachen bezeichnet /* den Beginn und */ das Ende eines Kommentars.

[3].Reiner,

5

2.1.2 Semantik

Die Semantik beschäftigt sich mit der grundsätzlichen Analyse und Beschreibung der Bedeutung sprachlicher Ausdrücke.

Dabei kann grob zwischen der
- kognitiven
- formalen
Semantik unterschieden werden.

Die formale Semantik wird bei formalen Sprachen angewendet und überprüft in der Regel durch mathematische Methoden die Korrektheit von Computerprogrammen.

Im Zusammenhang mit der Interoperabilität bei EAI-Systemen jedoch ist die kognitive Semantik ein vordringlicheres Problem, das auch Gegenstand dieser Ausarbeitung ist.

2.1.3 Pragmatik

Im Gegensatz zur Semantik, die kontextunabhängig agieren kann, konzentriert sich die Pragmatik auf die Verwendung der Sprache. Es gilt, die Aussagen von Ausdrücken zu erfassen.

2.2 Interoperabilität

Interoperabilität wird in diesem Zusammenhang verstanden als die Fähigkeit von nahtloser Kommunikation heterogener Informationssysteme ohne weitere Absprachen hinsichtlich Austauschstandards.

Das bedeutet nicht, dass Standards überhaupt nicht erforderlich sind. Sie sollten aber so allgemein gültig sein, dass das Benutzen ohne größeren Implementierungsaufwand möglich ist.

Interoperabilität kann in vier verschiedene Ebenen unterteilt werden:

6

Interoperabilität

Abbildung 3: Ebenen der Interoperabilität

Die Grafik verdeutlicht, dass die einzelnen Ebenen aufeinander aufbauen. Eine syntaktische Interoperabilität ist nicht möglich ohne die technische Interoperabilität gelöst zu haben. Die semantische Interoperabilität kann nur funktionieren, wenn die syntaktische und technische Interoperabilität gewährleistet sind usw.

2.2.1 Technische Interoperabilität

Technische Interoperabilität ist gegeben, wenn die physikalischen und technischen Voraussetzungen erfüllt sind, also Rechner müssen physisch zusammen geschlossen sein.

2.2.2 Syntaktische Interoperabilität

Syntaktische Interoperabilität liegt vor, wenn die auszutauschenden Daten nach den gleichen Formvorschriften verarbeitet werden.

Im Bereich der Informatik findet sich die formale Syntax wieder in Programmiersprachen oder in der Aussagenlogik. Auch Datenbankbeschreibungen beruhen auf einer Syntax, die formal geprüft werden kann.

Um dem Problem der syntaktischen Korrektheit von Ausdrücken zu begegnen, gibt es in der Informatik bereits eine Vielzahl von Standards wie z.B. TCP/IP für die Datenübertragung oder Middleware-Standards wie CORBA für den Bereich der Datenformate.

2.2.3 Semantische Interoperabilität

Semantische Interoperabilität findet statt, wenn zwei unterschiedliche Anwendungssysteme Daten in gleicher Weise und Bedeutung verarbeiten können. In den nachfolgenden Kapiteln wird dieser Ausschnitt vertieft.

2.2.4 Pragmatische Interoperabilität

Damit Anwen dungssysteme auf die richtigen Aussagen und somit auf die richtige Handlungsweise schließen können, bedarf es immer noch Standards, die interpretationsfrei sind. Dazu zählen zum einen Referenzmodelle, die eine genaue Definition von Daten und Abläufen festlegen (z.B. SCOR oder CPFR), sowie Datenaustauschformate, die als Austauschstandard vereinbart wurden (z.B. EDIFACT).

3 Probleme und Lösungen der semantischen Interoperabilität

Nach dieser vorausgegangenen Theorie kann man semantische Interoperabilität bei EAI-Informationssystemen wie folgt feststellen:

> **Semantische Interoperabilität liegt vor, wenn heterogene Anwendungssysteme nahezu spontan im Sinne der Unternehmensprozesse und -daten miteinander agieren.**

Um konkret die Probleme und deren möglicher Lösungen formulieren zu können, müssen zuerst die Unterschiede heterogener Anwendungssysteme identifiziert werden.

3.1 Probleme

3.1.1 Unterschiede in der Datenmodellierung

Daten bilden die Grundlage der Informationsverarbeitung und repräsentieren bestimmte Informationen. Sowohl bei der Namensgebung wie auch bei der Modellierung, können Unterschiede entstehen, die die Bedeutung des Datums mehrdeutig werden lassen.

- Synonyme und Homonyme Mehrdeutigkeit der Daten
- System A beschreibt eine Entität durch mehr oder weniger Attribute als System B
- Die Beziehungen und/oder Kardinalitäten in den Datenmodellen sind unterschiedlich
- Domänenwerte bzw. Wertebereiche sind unterschiedlich
- Verwendeter Ansatz weicht ab (objektorientiert, relational, hierarchisch)

3.1.2 Unterschiede im Inhalt und Umfang von Funktionen

Eine Funktion wird hier verstanden als abgeschlossene Einheit, die eine bestimmte Verarbeitung durchführt. Vermeintlich eindeutige Funktionen (z.B. Bruttobeitrag berechnen) können unterschiedlich arbeiten.

- Funktion macht mehr ode r weniger als gedacht (System A: Netto + Steuer = Brutto; System B: Netto – Skonto + Steuer = Brutto)

- Funktion braucht spezifische Laufumgebung (z.B. Großrechner-Umgebung, da Funktion in PL/1 programmiert)

- Programmiermethode ist unterschiedlich (objektorientiert oder prozedural)

3.1.3 Unterschiede in Prozessabläufen

Die Teilschritte eines Geschäftsprozesses können von System zu System abweichen, je nachdem welches Unternehmen bzw. welche Branche dahinter steht.

- Reihenfolge der Teilschritte ist unterschiedlich
- Interaktionen im Prozessablauf nicht abgestimmt (z.B. Prozessablauf erwartet eine Bestätigung vom User, um weitermachen zu können)

Das Grundproblem ist, dass meist im Aufbau dieser Komponenten die natürliche Sprache zur Beschreibung verwendet und damit auch die Bedeutung impliziert wird. Das bedeutet, dass Ausdrücke der natürlichen Sprache und deren eindeutige Bedeutung das Grundproblem darstellen.

3.2 Lösungen

Macht man Ausdrücke der natürlichen Sprache in ihrer Bedeutung eindeutig, kann man die semantischen Probleme, die bei der Interoperabilität auftauchen, in den Griff bekommen.

Man benötigt also ein Terminologie-System, das die Begriffe eindeutig definiert und voneinander abgrenzt. Ein solches System muss unterschiedlichen Ansprüchen gerecht werden können.

Wörterbuchsysteme

Glossare, Lexika - diese Ordnungssysteme definieren und erklären einzelne Wörter für sich stehend.

Konzeptorientierte Systeme

Thesauren, Taxonomien - diese Ordnungssysteme erklären Wörter, indem sie in Beziehung zueinander gesetzt werde n (meist hierarchisch).

Beispiel: UNSPSC – internationales Klassifikationssystem der Warenwirtschaft

Wissensbasierte Systeme

Ontologie – dieses Ordnungssystem enthält ein kontrolliertes Vokabular, klassifiziert die enthaltenen Objekte und setzt diese in Beziehung zueinander.

Eine Ontologie kann nicht allgemeingültig implementiert werden. Bestes Beispiel hierfür ist das Langzeitprojekt Cyc, das seit 1984 versucht, das Alltagswissen möglichst vollständig rechnertechnisch abzubilden.

Um schnellere Ergebnisse zu erzielen, ist es daher sinnvoll, Ontologien für spezielle Gruppen zu entwickeln, z.B. UMLS (Unified Medical Language System) in der Medizin oder eClassOWL für den e-Business Bereich.

Wegweisend bei Ontologien sind die Ergebnisse, die im Rahmen des semantischen Webs erzielt wurden. Das W3C-Konsortium hat mit RDF (Resource Description Framework) eine formale Sprache herausgebracht, mit der Ressourcen im WWW datenmodelltechnisch beschrieben werden können. Ein Schema zur Beschreibung von Metadaten, das auf RDF basiert, ist Dublin Core . Eine Weiterführung von RDF ist OWL (Web Ontology Language), welches mehr Vokabular bietet, um die Semantik im Web abzubilden.

3.2.1 RDF[4]

RDF ist ein Framework, um Informationen des World Wide Webs zu repräsentieren. Die Berücksic htigung von URI im [5] konzeptionellen Modell zeigt, dass das Konzept seinen Schwerpunkt auf das WWW hat.

Im Wesentlichen beinhaltet das RDF-Framework eine

- Syntax
  Jeder Ausdruck muss in Form eines Tripels (Subjekt – Objekt – Prädikat) angegeben werden.

- Formale Semantik

- Beschreibungssprache (unter Verwendung von XML)

---

4 aus http://www.w3.org/RDF/ (abgerufen am 28.02.2009)

5 = Uniform Resource Identifier (eindeutiger Bezeichner)

Beispiel einer RDF/XML-Notation für die Syntax

```
<rdf : Description>
  <ex: editor>
    <rdf : Description>
      <ex: homePage>
        <rdf : Description>
        </rdf : Description>
      </ex: homePage>
    </rdf : Description>
  </ex: editor>
</rdf : Description>
```

3.2.2 OWL[6]

Hauptmerkmal von OWL ist, dass es Webinhalte noch besser beschreibt und maschinell interpretierbar macht als das durch RDF geschieht. OWL ist als Ontologie-Sprache entwickelt worden, um das semantische Netz zu realisieren. OWL besteht aus folgenden Untersprachen:

- OWL Lite

    Unterstützt die Einrichtung hierarchischer Klassifikationen wie Taxonomien oder Thesauren.

- OWLDL

    DL steht für ‚description logic' und bietet dem Anwender die Möglichkeit, komplexere Zusammenhänge einer Ontologie darzustellen.

- OWL Full

    Entspricht OWL DL in einer liberaleren Form. Der Anwender ist jedoch nicht an die syntaktischen Vorschriften gebunden.

3.2.3 OWL -S / WSMO[7]

OWL-S und WSMO (Web Service Modeling Onotolgy) sind beides Ontologien für Web Services.

OWL-S basiert – wie der Name schon sagt – auf OWL und ist der bekannteste Vertreter von semantischen Webservices. OWL-S findet Anwendung in Such- und Auswahlmöglichkeiten von Services, aber ebenso der Aufruf, die Komposition und Laufzeitüberwachung derer.

---

6 aus http://www.w3.org/2004/OWL/ (abgerufen am 28.02.2009)

[7] ;Masak; S. 224 ff.

Folgende Komponenten beschreiben OWL-S:

- Service Profile – Beschreibung Inhalt und Umfang des Services

- Service Model – Beschreibung der Serviceimplementierung

- Service Grounding – Beschreibung des Serviceaufrufs

WSMO verfolgt das Ziel, Verfahren bereit zu stellen, die eine automatisierte Servicenutzung ermöglichen. Die Hauptelemente von WSMO sind:

- Element

  Abstrakte Oberklasse zur Beschreibung aller vier Hauptelemente

- Ontologie

  Bestehend aus Konzepte, Attribute, Funktionen, Relationen, Instanzen sowie Axiomen

- Ziel

  Wunsch des Rufers steht im Vordergrund, die Erfüllung kann durch ein oder mehrerer Services erfolgen

- Mediator

  überbrückt die Heterogenität der zusammenkommenden Komponenten auf Daten-, Protokoll- und Prozessebene

4 Fazit

Zur Lösung der Probleme zur semantischen Interoperabilität gibt es gute Ansätze auf dem Markt. Jedoch wurde noch keine endgültige übergreifende Lösung gefunden, die spontane Interaktion verschiedener Informationssysteme ermöglichen. Es müssen immer noch für Teilbereiche spezielle Ontologien eingerichtet werden, die den Anforderungen genügen.

Mit RDF und OWL sind gute Grundlagen geschaffen worden, die das Erstellen von Ontologien erleichtern. Hoffnung liegt auch in den Forschungsbereichen der künstlichen Intelligenz, die Lösungen sowohl für die semantischen als auch die pragmatischen Probleme suchen.

Ontologien werden in der Informatik derzeit als nachträgliches Wissen realisiert. Würde man jedoch ein gemeinsames allgemeingültiges Wissen bereits in der Anwendungsentwicklung anwenden, dann würden Mehrdeutigkeiten nicht mehr auftreten können.

Das bedingt, dass Ausdrücke der natürlichen Sprache – insbesondere in kognitiver Weise – keine Verwendung in der Anwendungsentwicklung mehr finden. Es müsste auf neuen Ebenen des Denkens entwickelt werden.

5 Literaturverzeichnis

Reiner

Reiner, Jörg L.: Terminologiesysteme als Grundlagen für die semantische Interoperabilität von heterogenen Anwendungssystemen sowie deren fachsprachlicher Zugang, Dissertation eingereicht am 22.10.2002 bei der Technischen Universität München, Fakultät für Informatik.

Masak

Masak, Dieter: SOA? Serviceorientierung in Business und Software, Springer-Verlag Berlin, 2007.